SAINT-AUBIN,

SUR LA SUSPENSION

PROPOSÉE

DE LA VENTE

DES BIENS NATIONAUX DE LA BELGIQUE.

PRIX 8 sous.

A PARIS;

Chez les Marchands de nouveautés.

SAINT-AUBIN,

Sur la suspension proposée de la vente des biens nationaux de la Belgique.

Le 24 prairial, l'an 5 de la République.

LA suspension proposée de la vente des biens nationaux dans la Belgique est fondée sur deux motifs.

1°. Que, d'après le mode actuel de vente, ces biens se donnent à vil prix.

2°. Que les créances hypotéquées sur ces biens ne sont point encore liquidées.

Avant d'examiner jusqu'à quel point ces deux motifs sont fondés, je vais d'abord faire voir quelles seraient dans tous les cas les suites inévitables de cette suspension pour le crédit public et pour les rentiers, parce que l'exposé de ces suites ne peut que diminuer de beaucoup le poids de ces mêmes motifs, même en les supposant fondés.

Quant au crédit public, il est démontré par le raisonnement et *prouvé par l'expérience* que l'absorption de tous les arrérages et d'une partie considérable du capital même des inscriptions, opérée par la vente des biens nationaux, est, dans ce moment-ci, le principal élément du crédit public ; parce que cette absorption évidente laisse entrevoir la certitude que l'état pourra payer les arrérages des inscriptions qui resteront. La vente des biens nationaux est donc intimément liée au crédit de ces effets, dont dépend chez nous entièrement le crédit public ; toute suspension de cette vente, pour quel terme et pour quelque motif que ce soit, doit donc les faire tomber, et l'expérience prouve qu'une motion seule produit cet effet.

En regardant les inscriptions uniquement comme des capitaux circulans, ce qu'elles sont en effet dans ce moment-ci, et abstraction faite du crédit public, elles représentent, en ne comptant que celles qui sont inscrites, un capital de deux milliards au moins, valeur nominale qui, au cours de trente-trois à trente-quatre livres, valent pour les propriétaires et font réellement service d'un capital de près de 700 millions espèces. Chaque franc de diminution sur ce cours, opère une diminution réelle de 20 millions, non-seulement dans la propriété des porteurs d'inscriptions, mais dans la masse des capitaux circulans, et par conséquent de la richesse nationale. Sous ce point de vue seul, il faut qu'on perde furieusement sur la vente des biens nationaux, pour que cette perte puisse engager à prononcer une suspension si funeste.

Le crédit public qui repose sur la fidélité avec laquelle l'état remplit ses engagemens, autant qu'il le peut, est, dans ce moment-ci, d'une importance particulière pour la France. La guerre qui a ruiné nos finances, va cesser ; mais elles n'en seraient pas mieux s'il fallait toujours entretenir ce qu'on appelle une armée formidable, pour en imposer aux ennemis à venir qui voudraient nous attaquer. Pour se dispenser de ces frais ruineux, anti-républicains et perpétuels, il n'y a qu'un moyen, c'est d'entretenir simplement le noyau d'une bonne armée dont on puisse à volonté remplir les cadres, lorsqu'on se croit menacé. Mais alors il faut pouvoir trouver sur-le-champ les fonds nécessaires pour l'augmentation et le service extraordinaires, fonds pour lesquels il ne faut plus compter sur les assignats. ni sur les mandats, et que les impôts ne peuvent procurer à tems, en supposant même qu'on puisse asseoir tout le capital à-la-fois. Réserver pour cela des épargnes ou une espèce de trésor, serait une véritable folie, parce qu'outre la difficulté de faire des épargnes, lorsqu'on a de la peine à payer le courant, cette mesure aurait déux inconvéniens, celui de pouvoir compromettre la liberté publique et celui plus grave encore d'enlever à la circulation des capitaux si nécessaires, pour les enterrer dans les coffres du fisc.

L'état ne peut donc pas se passer de crédit, il faut donc soutenir celui des inscriptions, et se donner bien garde de toute mesure qui pourrait les faire tomber même momentanément.

Le crédit particulier dans tout pays et dans tous les tems est intimément lié au crédit public, mais il l'est bien plus particulièrement en France et dans les circonstances actuelles, où le gouvernement dépense tant et doit tant qu'il y a peu de négocians, manufacturiers, et en général peu de propriétaires d'une certaine fortune ou possesseurs d'un genre d'industrie un peu étendu, dont le crédit et la fortune ne tiennent directement ou indirectement au crédit du gouvernement, et aux mesures financières qu'il emploie. Sous ce point de vue il est encore essentiel de maintenir le crédit des rentes.

Enfin, pour faire baisser le taux exhorbitant de l'intérêt de l'argent, taux avec lequel il ne peut s'élever ni subsister aucune manufacture, aucun établissement d'industrie, il n'y a que trois moyens; 1°. de multiplier la masse des capitaux circulans; 2°. de relever le crédit public et particulier; 3°. de faire rentrer beaucoup de numéraire de l'étranger; tous les trois sont tellement liés ensemble, qu'on ne saurait guères employer l'un sans effectuer les deux autres. Or, il ne faut pas des raisonnemens bien compliqués pour démontrer que la hausse soutenue des inscriptions remplit les trois buts.

Ce que je viens d'avancer paraît d'abord ne pouvoir guères se concilier avec l'expérience qui prouve que depuis la hausse actuelle des inscriptions, l'intérêt de l'argent sur la place n'a pas diminué. Je réponds; 1°. qu'on ne peut pas dire où en serait cet intérêt sans l'augmentation des capitaux circulans que la hausse des incriptions a produite. 2°. que la valeur des immeubles patrimoniaux et nationaux a augmenté et augmente prodigieusement tous les jours, ce qui, joint aux mutations fréquentes qui ont lieu, absorbe tant de capitaux que, sans la hausse des inscriptions, l'intérêt de l'argent aurait, par cette seule considération, peut être doublé.

(5)

3°. Que la baisse de l'intérêt dans une place telleque Paris, qui exige tant d'argent pour les seules spéculations de la bourse, n'est pas l'affaire d'une ou de deux décades. Au reste, comme ce même intérêt n'est à Hambourg que le sixième environ de ce qu'il est à Paris, il suffit que le crédit public chez nous se maintienne quelque tems avec la hausse des inscriptions, pour que l'intérêt de l'argent baisse et que l'équilibre se rétablisse : car, dès que les capitalistes étrangers auront acquis une espèce de certitude que le corps législatif actuel est fermement résolu de remplir les engagemens de la nation envers les créanciers de l'état, et que la hausse de nos fonds publics leur aura inspiré quelque confiance, ils viendront bientôt placer leurs fonds en France, où ils peuvent en tirer un si bon parti.

Il est bon d'observer ici qu'en achetant des inscriptions au cours de 33 liv., et en supposant même qu'on continue pendant quelque tems à ne payer qu'un quart en numéraire et trois quarts en bons, au cours de vingt francs, on place encore son argent à plus de six pour cent.

Quant aux rentiers, le premier effet que produirait la suspension de la vente des biens nationaux, serait de faire tomber à rien les bons des trois quarts qu'on leur a donnés et qu'on leur donne encore en paiement de leurs arrérages, ce qui les replongerait dans la même misère où ils étaient n'aguères, à moins que l'on ne trouvât le moyen qui, alors serait bien plus difficile à trouver, de leur payer leurs arrérages en numéraire. La chûte de la valeur vénale des ins criptions qu'entraînerait cette même suspension, ôtant de plus aux rentiers la facilité de disposer d'une partie de leur capital, les priverait de toute ressource.

On voit par là que quand les deux motifs allégués pour la suspension de la vente des biens nationaux, seraient aussi bien fondés qu'ils le sont peu, ce serait encore une grande question de savoir si le remède proposé par cette suspension, ne serait pas pire que le mal.

Mais d'abord pour ce qui regarde la dilapidation ou la vente de ces biens à vil prix, il y a déja quelque tems qu'elle a cessé, et le remède serait, comme on dit vulgairement, de la moutarde qui vient après dîner. Cette dilapidation a eu principalement lieu pour les 100 millions que le directoire était autorisé d'aliéner, comme il le jugerait à propos, soit sur les revenus, soit sur les fonds, et dont la plus grande partie a été donnée en compensation pour des fournitures et autres créances. On a encore gaspillé les bois par des coupes extraordinaires, mal faites et mal vendues. Il a été également vendu plusieurs domaines nationaux à très-bas prix, en vertu de la loi du 16 brumaire, et cela pour plusieurs raisons.

D'abord, comme cette loi a commencé à être exécutée lorsque nos succès et les préliminaires de la paix n'avaient pas encore ôté aux belges, aux étrangers en général, et même à beaucoup de français, toute inquiétude sur le sort de la Belgique, il était moralement impossible que les biens nationaux dans ce pays, ne se vendissent pas, proportion gardée, bien au-dessous du prix qu'on en aurait obtenu, s'ils

,vaient été situés en France. Aujourd'hui les choses
ont changé de face, et l'on sait que *par cette consi-*
dération seule, plusieurs biens nationaux achetés
par des particuliers, *en vertu de la loi du* 16 *bru-*
maire, ont été revendus avec un grand bénéfice, et
que les dernières ventes faites au profit de la nation,
à l'enchère, offrent déja une prodigieuse différence.
Que sera-ce lorsque les étrangers auront fait les dis-
positions nécessaires, *et qui demandent quelque*
tems, pour y placer leurs capitaux ?

En troisième lieu, une remise accordée très-mal
à propos aux administrateurs, sur le produit des
ventes, avait engagé les derniers administrateurs qui
se voyaient sur le point de sortir de place, à multiplier ces ventes à l'excès, afin de se faire une re-
traite honorable. Le ministre des finances, il faut le
dire à son éloge, a arrêté cette dilapidation à tems,
par des circulaires adressées aux administrations, à
cet effet, il y a déja plusieurs mois ; et quant aux
nouveaux administrateurs, il y a lieu d'espérer que
de pareilles exhortations seront inutiles.

Enfin, l'urgence des besoins de la guerre, jointe à
beaucoup de mauvaises mesures prises pour y satis-
faire, et à des dilapidations de toute espèce, ont
souvent réduit le gouvernement à une pénurie qui
peut l'avoir engagé à accélérer les ventes plus qu'il
ne fallait, afin d'obtenir le dixième qu'elles donnaient
en numéraire. Cette pénurie étant aujourd'hui beaucoup moindre, l'inconvénient qui en résulterait est
aussi beaucoup moins à craindre, et les circulaires
du ministre dont j'ai parlé, en sont une preuve con-

vaincante. Au reste, il est aisé d'y remédier tout-à-fait, en faisant vendre les biens nationaux de la Belgique, comme je l'ai proposé uniquement contre des inscriptions et créances de l'état, duement reconnues et liquidées, mesure qui donnerait en même tems un débouché aux créances hypotéquées sur ces biens, ainsi qu'aux créances sur les émigrés dont la liquidation s'avance. On voit par tout cela, que les plaintes sur la dilapidation des biens nationaux de la Belgique, quoique fondées en grande partie, se rapportent à un tems antérieur, et que la suspension proposée, tout en occasionnant les plus grands maux pour le crédit public et le sort des rentiers, ne remédierait en aucune manière au mal déja fait.

Je dis *quoique fondées en grande partie*, parce que d'après une foule de renseignemens, j'ai tout lieu de croire que ces plaintes sont beaucoup exagérées, moins quant au bas prix des cessions ou des ventes, que pour le montant total qui est bien inférieur à ce que l'on en répand dans le public. Cette différence est importante ; car il est bien moins désavantageux pour la république que quelques fripons aient eu une dixaine de maisons, quelques terres et un millier d'arpens de bois pour le dixième de leur valeur intrinsèque, que si l'on avait vendu trois fois autant d'objets pour les trois dixièmes de cette même valeur.

Enfin, il y a un remède à une partie du mal déjà fait, c'est que beaucoup de cessions, de compensations et de ventes, quoique contractées, peuvent être annullées, les unes comme non consommées, et les autres comme illégales : je tiens ce fait d'une source qui n'est pas suspecte.

Mais dans tous les cas possibles et imaginables, le vrai remède à cette dilapidation de biens nationaux, si elle avait encore lieu, ne doit pas se trouver dans la suspension de la vente, mais dans une loi réglementaire pour en prévenir les abus, loi qui ne demande pas beaucoup de temps pour être faite et exécutée, et qui aurait de plus l'avantage inappréciable de soutenir considérablement le crédit des inscriptions, tandis que la suspension proposée en amènerait sur-le-champ la baisse.

Je sais bien que cette baisse ne serait que momentanée, parce que, d'une part, l'opinion publique, qu'on ne méprise plus aujourd'hui impunément, est tellement prononcée pour la hausse, qu'une résolution qui occasionnerait une baisse subite et sensible dans les inscriptions, serait bientôt rapportée, si toutefois elle passait aux anciens, avant d'avoir produit son effet.

Mais ce sont précisément ces baisses momentanées que je redoute, c'est ce fléau qui est le fondement du véritable agiotage. Ce sont ces baisses de vingt-quatre heures, ou même d'une décade, qui amènent des faillites sans nombre ; ce sont ces baisses qui doublent le jeu et l'alimentent d'une manière effrayante, qui enlèvent tout le numéraire de la place pour faire face aux engagemens contractés, et soutiennent l'intérêt de l'argent à un taux désordonné.

Il vaudrait mieux, sous ce point de vue, quoique d'ailleurs ce serait un très-grand mal, que les rentes fussent restées à cent sous, que de les avoir fait monter jusqu'à trente-six francs, pour les faire redescendre à 20, puis remonter à 3o, et ainsi alternativement.

Je n'ai point parlé de beaucoup d'autres incon-véniens majeurs qu'entraînerait la suspension pro-posée, tels que sa versatilité dans les lois de finance, l'inquiétude que cette loi donnerait à tous les acqué-reurs des biens nationaux, etc. parce que je n'en ai voulu développer ici que les effets les plus funestes et les plus frappans.

Quant au second motif allégué en faveur de cette suspension, qui consiste en ce que les créances hy-pothéquées sur les biens nationaux de la Belgique ne sont pas encore liquidées, il est aisé d'y remédier en faisant accélérer cette liquidation qui sera ache-vée long-temps avant que la vente de ces biens soit consommée à moitié. Il est essentiel d'observer que cette liquidation n'a jusqu'ici éprouvé ni retard ni obstacles que de la part des créanciers eux-mêmes, qui, d'une part, ne se souciaient pas ; et avec rai-son, d'être liquidés et soldés avec des bons admissi-bles en paiement de la seconde moitié du prix des biens nationaux, et qui n'auraient pas même voulu des inscriptions au grand livre, lorsqu'elles étaient à vil prix ; tandis que d'une autre part, ils craignaient de perdre leurs créances, si la Belgique ne nous restait pas ; car le petit nombre de ceux qui ont voulu être liquidés, l'ont été sur-le-champ.

Il y a plus ; comme en continuant de vendre, les inscriptions ne peuvent que monter, il est très-pos-sible que ceux qui, faute d'une liquidation assez prompte, auront été forcés de garder malgré eux leurs créances, ne soient pas les plus mal traités.

Je suppose toujours que les créances dont il s'agit seront liquidées et soldées de la même manière que celles sur les émigrés ; car si depuis la réunion de la Belgique à la France il a été souverainément injuste de les traiter sous plusieurs rapports moins favorablement que les autres citoyens français, ce serait également une souveraine injustice et absurdité de traiter plus favorablement les créanciers des moines de la Belgique, que ceux qui avaient confié, et souvent *forcement*, leurs fonds aux ci-devant grands propriétaires de la France.

Sous ce point de vue, la suspension proposée équivaudrait à une cessation absolue de toute vente, parce qu'en activant la liquidation des créances sur les émigrés autant que faire se peut, et en rapportant ou modifiant toutes les lois qui la retardent, et sur lesquelles je publierai incessamment un travail, il n'est guère possible qu'elle soit achevée *avant deux ans*. Or, si l'on suspend la vente des biens nationaux de la Belgique jusqu'à ce que les créances hypothéquées sur ces biens soient liquidées, il serait, je le répète, injuste et absurde de lever cette suspension avant que les créances sur les émigrés le soient également. Les créanciers de la nation ont tous la même hypothèque, qui est l'universalité des biens nationaux et le grand livre ; faire une distinction en faveur de ceux de la Belgique, serait aussi absurde que d'en faire une en faveur de ceux de la Normandie et du Poitou.

Je demande si, d'après cela, on peut songer à une suspension des ventes en attendant la liquidation des créances hypothéquées sur les biens nationaux de la Belgique.

P. S. Je viens de lire l'excellente motion d'ordre faite au sujet du paiement des rentiers par le citoyen Vaublanc, et dont on peut voir le développement très-étendu dans le dernier ouvrage de Montesquiou sur les finances. Des idées justes et simples ne frappent guères que les esprits justes. Or, parmi ces idées, celle d'assigner au paiement des rentiers une recette et une caisse particulières, tient un des premiers rangs. Plusieurs personnes cependant regardent comme un enfantillage cette affectation de recettes particulières à des dépenses particulières, parce que, dit-on, l'urgence des besoins fait prendre au gouvernement l'argent par-tout où il se trouve. Comme j'ai partagé moi - même cette erreur pendant quelque temps, les faits et raisonnemens que je vais alléguer pour la détruire et en faire revenir d'autres, comme j'en suis revenu moi-même, pourront mériter quelque attention.

« D'abord, il faut faire une grande différence entre
» les distinctions puériles, comme Montesquiou les
» appelle, entre les étiquettes aux sacs, et entre la
» séparation absolue de choses qui n'ont rien de com-
» mun entr'elles, et qui, dans aucun cas, même celui
» de nécessité, ne doivent se confondre, de choses
» aussi distinctes que les dépenses de l'état et le paie-
» ment de la dette publique. C'est le *tien* et le *mien*,
» et ces deux mots suffisent pour engager à poser en-
» tr'eux une barrière inviolable ».

En second lieu, il faut faire une différence encore

plus grande entre le temps d'une guerre qui nous forçait de vivre au jour la journée, qui, pour les finances, était un temps véritablement révolutionnaire, qui souvent forçait le gouvernement de toucher aux dépôts les plus sacrés, et le temps de la paix faite ou prochaine, sur-tout lorsque l'on considère que les armées sont équipées et pourvues de tout ce qu'il leur faut pour le moment.

Troisièmement, l'armée des rentiers ne laisse pas que d'être assez formidable pour que le gouvernement y regardât à deux fois avant de toucher aux fonds qui leur sont destinés, s'ils étaient dans une caisse particulière. L'opinion publique qui jetterait sur-le-champs les hauts cris, formerait un rampart presqu'insurmontable contre un acte arbitraire de cette espèce.

L'annonce seule d'une pareille mesure ferait monter les inscriptions de 20 pour cent; il y a même une circonstance majeure quoique momentanée qui en exige l'adoption. La lenteur, l'inéxactitude et l'irrégularité avec laquelle se font depuis long-tems les payemens de toute espèce à la trésorerie, a attiré à cette dernière une telle défaveur que, pour discréditer une créance de vingt pour cent et plus, il suffit de dire qu'elle est payable dans une de ses caisses.

Enfin, un fait qui pour bien des gens prouvera plus que les meilleurs raisonnemens, que cette séparation n'est rien moins que puérile, c'est que la spéculation d'une compagnie financière (*) pour

---

(*) Voyez le rapport de Camus sur la trésorerie.

s'emparer d'une partie du dernier quart du prix des biens nationaux soumissionnés, en faisant des avances très-onéreuses pour le trésor public, n'a échoué que parce qu'en se conformant à l'étiquette aux sacs, le corps législatif avait assigné sur ce produit des crédits particuliers aux différens ministres qui ont crié *haro* quand on a voulu y toucher.

J'apprends tout-à-l'heure que la suspension proposée, et contre laquelle je me suis élevé, n'aura probablement pas lieu pour le moment ; cela ne m'empêche pas de publier cet écrit uniquement pour empêcher qu'elle ne se reproduise tôt ou tard.

Il est d'ailleurs, on ne peut pas plus essentiel que le corps législatif se prononce au plutôt sur cet objet, afin de faire cesser l'oscillation de hausse et baisse qui est si funeste.

SAINT-AUBIN.

De l'Imprimerie d'Ant. BAILLEUL, rue neuve Augustin, N°. 742.

9 782014 058017